와글와글 인문학 수업

# 플라스틱은 정말 편리할까?

# 플라스틱은
# 정말 편리할까?

유윤한 글 | 이창우 그림

비케주니어

나는 작은 플라스틱 생수병을 갖고 다녀. 굳이 목이 마르지 않아도 물병을 열고 한 모금씩 마시면, 입안이 상큼하고 건강해지는 기분이 들거든. 그런데 이렇게 생수병으로 목을 축일 때마다 아주 작은 플라스틱 조각도 함께 마시게 된다는 사실을 알고 있니?

최근 조사에 따르면, 우리나라에서 판매되는 많은 생수에서 눈에 보이지 않을 정도로 작은 플라스틱 조각이 발견되었다고 해. 생수 속의 물은 한라산이나 백두산처럼 깨끗한 자연에서 가져온 것인데도 플라스틱이 섞여 있다니 놀라운 일이지.

과학자들은 우리 몸속에 들어온 플라스틱이 어떤 영향을 끼치는지 아직 완전히 알아내지는 못했어. 하지만 지금까지 밝혀진 위험성만 해도 한두 가지가 아니야.

나는 페트병(플라스틱의 한 종류)을 볼 때마다 고민해.

"페트병에 있던 물을 마셨다고 아프거나 죽은 사람은 없어. 다 먹고 나면 바로 버릴 수 있으니 얼마나 편해? 가볍고, 싸고, 색깔도 예쁘고 깨지지도 않지. 그러니까 페트병 정도는 사용해도 괜찮아."

하지만 한편으로는 이런 생각도 들어.

"플라스틱에 오염된 물을 매일 마시고도 몸이 괜찮을까? 플라스틱에 들어 있는 오염 물질이 얼마나 해로운지는 동물 실험에서도 밝혀졌어. 면역계를 엉망으로 만들고, 암세포와 지방 세포를 키우며, 뇌의 활동까지 방해한다잖아. 한마디로 플라스틱은 우리를 뚱뚱하고 병들게 하고, 심지어 멍청하게 만든다고! 그러니 당장 페트병 대신 텀블러를 가지고 다녀야 하지 않을까?"

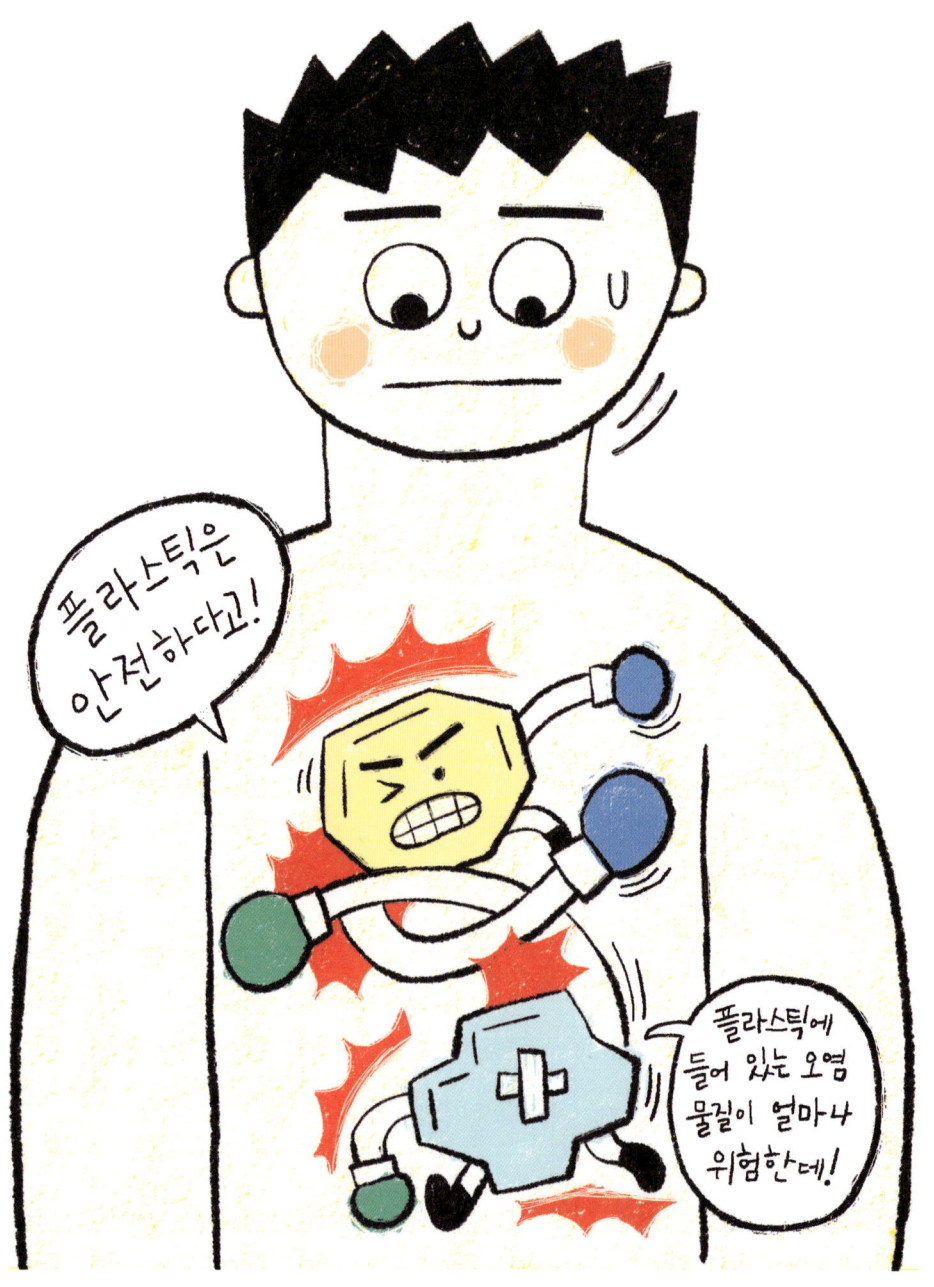

이 책은 이렇게 매일 팽팽하게 대립하는 내 안의 플라스틱 찬성파와 반대파를 위해 쓰게 되었어. 만일 여러분 중에 모든 게 플라스틱 때문이라고 핑계를 대고 싶은 사람이 있다면, 반드시 이 책을 끝까지 읽기를 바랄게. 플라스틱이 정말 확실한 핑곗거리가 될지는 그때 생각해도 늦지 않을 테니까.

머리말 / 4

## 1장 플라스틱은 정말 마법사일까?
플라스틱이 궁금해 / 12
플라스틱은 언제 만들어졌을까? / 16
**생각 씨앗 심기** / 22

## 2장 플라스틱은 어떻게 만들까?
고무에서 플라스틱으로 / 26
석유와 플라스틱 / 29
바이오 플라스틱 / 35
**생각 씨앗 심기** / 40

## 3장 플라스틱이 세상을 지배한다고?

편리함을 선물해 준 플라스틱 포장 / 46
마음을 사로잡은 플라스틱 옷과 장신구 / 51
과학 기술 발달에 꼭 필요한 플라스틱 전자제품 / 54
**생각 씨앗 심기** / 58

## 4장 플라스틱 쓰레기는 어떻게 될까?

사라지지 않는 플라스틱 / 64
플라스틱의 마지막 : 매립지와 바다 / 69
플라스틱 쓰레기의 공격 / 75
**생각 씨앗 심기** / 80

## 5장 플라스틱의 미래는 어떻게 될까?

어렵기만 한 플라스틱 재활용 / 84
플라스틱으로 오염되는 땅 / 90
미래의 플라스틱 / 95
**생각 씨앗 심기** / 102

# 1장
## 플라스틱은 정말 마법사일까?

# 플라스틱이 궁금해

플라스틱은 고무나무에서 얻을 수 있는 천연고무와 비슷한 구조를 가지고 있어. 눈에 보이지 않을 정도로 작게 쪼개면, 구슬 목걸이 같은 모양을 하고 있지. 레고 블록을 줄줄이 끼워 놓은 모습과도 비슷해. 어찌나 단단히 연결되어 있는지 좀처럼 끊어 내기가 어려워.

자연에는 이처럼 모양이 쉽게 변형되면서도 단단하고 질긴 것들이 많아. 사람이나 동물의 피부, 머리카락, 손발톱 등이 그렇고, 식물의 껍질이나 벌집을 이루는 밀랍도 마찬가지야. 바다

거북의 등껍질도 이런 특성이 있어. 단단하지만 유연해서 물속 압력을 잘 견디지. 그래서 사람들은 바다거북을 잡아 등껍질로 머리빗이나 악기, 금고를 만들었어. 그 때문에 바다거북은 멸종 위기에 처할 뻔했지.

코끼리도 마찬가지였어. 코끼리 어금니인 상아로 당구공을 만들면, 잘 깎이면서도 표면이 매끄럽고 단단했기 때문에 사람들이 아주 좋아했지. 사냥꾼들은 상아를 팔아 돈을 벌기 위해 코끼리를 마구 잡아들였어.

다행히 이것들과 비슷한 물질이 발명되자, 무지막지한 사냥은 멈추었어. 코끼리와 바다거북을 멸종 위기에서 구해 준 발명품이 바로 이 책의 주인공인 플라스틱이야.

플라스틱은 금속이나 유리에 비해 값이 싸면서도 다양한 모양으로 만들기 쉬워서 큰 인기를 끌었지. 튼튼하면서도 가벼웠기 때문에 비행기, 자동차, 물병, 그릇, 가방, 옷 등을 만드는 데 두루 쓰였어.

물론 플라스틱이라고 모두 같은 건 아니야. 뜨거운 열을 가하면 녹는 것이 있는가 하면, 그렇지 않은 것도 있어. 어떤 것은

열을 가할수록 더 단단해져서 비행기 부품이나 전자 제품을 만드는 데 쓰이지.

그런데 플라스틱은 눈에 보이지 않을 정도로 작은 알갱이로 쪼개지기는 해도 거의 썩지 않아. 심지어 100년이 지나도 분해되지 않지. 플라스틱을 이루는 아주 작은 알갱이들이 사슬처럼 촘촘히 연결되어 잘 끊어지지 않기 때문이야. 무엇이든 썩게 만드는 세균이나 곰팡이도 이 단단한 연결을 끊어 내지는 못해.

시간이 지나도 썩지 않는다는 건 플라스틱의 가장 큰 단점이야. 절대 사라지지 않고 아주 작은 조각들로 부서져 지구 곳곳을 돌아다니다가 인간이나 다른 생물의 몸속으로 들어오니 말이지.

## 플라스틱은 언제 만들어졌을까?

과학자들은 나무나 금속 같은 천연 재료를 대신할 물질을 찾기 위해 실험 중이었어. 나무처럼 썩지 않고, 금속보다 가벼우며, 여러 가지 모양으로 만들 수 있는 물질을 발견한다면 큰돈을 벌 수 있었으니까.

1856년 영국의 화학자 알렉산더 파크스는 '파크신'이라는 최초의 합성 플라스틱을 발명했어. 파크신은 식물에서 발견되는 물질인 '셀룰로스'로 만들어졌지. 셀룰로스는 식물의 줄기가 튼튼하면서도 잘 휘어지도록 만드는 성분이야. 파크스는 셀룰로스와 질산을 결합해 거의 모든 모양을 만들 수 있는 새로운 물질을 발명했고, 자신의 이름을 따서 '파크신'이라고 불렀지. 식물에서 가져온 원료로 만든 파크신은 미생물에 의해 분해될 수 있었어. 시간이 지나면서 썩어 없어질 수 있다는 뜻이지. 썩지 않는 현대의 플라스틱과는 좀 달랐어.

1907년 벨기에의 화학자인 리오 베이클랜드는 '페놀'과 '포름알데히드'라는 화학 물질을 결합해 나무보다 강하고, 철보다 가벼우며, 고무보다 단단한 물질을 만들어 냈어. 이 새로운 물질은 처음부터 끝까지 자연에서 얻은 원료가 아니라, 사람이 만든 원료를 섞어 만든 최초의 플라스틱이었지. 베이클랜드는 파크스처럼 자신의 이름을 따서 이 물질을 '베이클라이트'라고 부르기로 했어.

베이클라이트 덕분에 전화기나 라디오 같은 가전제품과 장난감 그리고 갖가지 도구를 공장에서 대량으로 값싸게 만들어 낼 수 있게 되었어. 그 결과 물건값이 내려갔고, 부자들만 가질 수 있었던 많은 물건을 보통 사람들도 살 수 있게 되었지.

1938년에는 새로운 플라스틱, '나일론'이 등장했어. 나일론은 사람들의 패션을 크게 바꿔 놓았어. 특히 나일론으로 만든 스타킹은 기존의 실크 스타킹보다 훨씬 튼튼하고 값이 싸서 큰 인기를 끌었지.

제2차 세계대전이 일어나자 나일론은 더욱 중요해졌어. 낙하산, 밧줄, 심지어 방탄조끼에도 나일론이 쓰였거든. 당시 미국에서는 오랫동안 줄을 서서 기다린 끝에 구입한 귀한 나일론 스타킹을 나라에 기증하면서 애국심을 자랑하는 것이 유행이었어. 그 스타킹으로 낙하산을 만들었다고 해.

1945년 과학자들은 '폴리염화비닐(PVC)'이라는 또 다른 플라스틱을 값싸게 만드는 방법을 알아냈어. 폴리염화비닐은 1913년 독일의 화학자인 프리드리히 클라테가 처음 만들어 특허를 받은 물질이야. 전쟁으로 특허권이 풀리면서 값싸고 품질 좋은 새로운 플라스틱을 누구나 만들 수 있게 되었어. 폴리염화비닐은 세계에서 가장 많이 생산되는 플라스틱이 되었지.

1950년대가 되자 세상에는 플라스틱으로 만든 물건이 넘쳐 나기 시작했어. 많은 기업이 플라스틱으로 포장하거나 플라스틱으로 만든 일회용품을 쓰면 현명하게 사는 것처럼 광고했지. 기

업은 음료수나 소스를 유리병 대신 플라스틱병에 담아 팔기 시작하면서 제품의 무게가 3분의 1로 줄어들어 운반 비용을 크게 줄일 수 있었어. 덕분에 많은 기업이 큰돈을 벌었지.

 1970년대부터 플라스틱은 전 세계에서 가장 많이 사용하는 물질이 되었어. 지금 우리는 어디에서나 플라스틱을 볼 수 있지. 손에 들고 다니는 휴대 전화는 물론, 가전제품, 옷, 비행기와 배에 이르기까지 이제 우리는 플라스틱 없는 생활은 상상도 할 수 없게 되었어.

## 생각 씨앗 심기

히말라야산맥 높은 곳에는 라다크라는 지역이 있어. 일 년 내내 하얀 눈이 쌓여 있고, 맑은 강이 흐르는 정말 아름다운 곳이지. 높은 산의 빙하가 녹으면서 차갑고 맑은 물이 마을로 흘러내리는 데, 너무 깨끗해서 개울에서 바로 마실 수 있을 정도야. 그런데 놀랍게도 지금은 이처럼 깨끗하고 소중한 강물 속에 물고기 대신 플라스틱병과 뚜껑이 둥둥 떠다니고 있어.

그 많은 플라스틱이 어떻게 이런 깊은 산골까지 들어왔을까? 라다크의 독특한 문화와 아름다운 자연을 보기 위해 많은 사람이 이곳을 찾아오기 시작하면서 관광객들이 쓰레기를 강에 버리기 시작했어. 플라스틱 물병, 과자 봉지 같은 것이었지. 물론 라다크 사람들도 플라스틱 제

품을 점점 더 많이 사용하게 되면서 쓰레기가 생기기 시작했어.

참다못한 주민들은 플라스틱을 모아 태워 버리기도 했어. 하지만 플라스틱을 태우면 위험한 화학 물질로 가득한 연기가 나와 사람들을 병들게 한다는 사실을 몰랐던 거야.

① 라다크 같은 산골 마을이나 해변처럼 재활용 쓰레기를 수거할 만한 시설이 부족한 곳을 방문할 때는 어떻게 해야 할까?

................................................................................
................................................................................
................................................................................

② 플라스틱으로 만든 물건을 파는 회사가 플라스틱 쓰레기를 직접 수거하도록 하는 방법은 없을까?

................................................................................
................................................................................
................................................................................
................................................................................

# 2장
## 플라스틱은 어떻게 만들까?

# 고무에서 플라스틱으로

　18세기 말 남아메리카에서 유럽으로 처음 고무가 수입되었어. 부드러우면서도 단단한 고무가 다양한 곳에 쓰이기 시작하면서 사람들의 생활과 산업에 큰 변화가 생겼지.

　고무로 만든 신발은 훨씬 부드럽고 편했어. 고무 장갑은 위생적이어서 병원에서도 안전하게 사용할 수 있었지. 또 중요한 문서에 고무액을 칠해 두면 종이가 물에 젖지 않고 질겨져서, 문서를 보호하기에도 좋았어.

　그런데 고무는 큰 단점이 있었어. 더운 날에는 끈적끈적하게 녹았고, 추운 날에는 돌처럼 딱딱하게 변해 버렸거든.

　미국의 화학자이자 발명가였던 찰스 굿이어는 1839년 고무에 여러 물질을 섞어 보는 연구를 하고 있었어. 그런데 어느 날, 유황이 섞인 고무 혼합물을 우연히 뜨거운 난로 위에 떨어뜨렸는데, 이 고무가 녹아 버리기는커녕 오히려 단단하면서도 탄성이 생기는 걸 발견한 거야. 이것이 바로 '가황고무'지.

가황고무는 항공기 부품이나 군사 장비는 물론이고 의료 기구를 만들 때도 꼭 필요해. 자전거 타이어, 농구공, 체육관에 깔린 미끄럼 방지 매트도 모두 가황고무로 만든 거야.

# 석유와 플라스틱

　지금부터는 땅속 깊은 곳에서 나온 석유로 어떻게 플라스틱을 만드는지 살펴보려고 해. 이를 이해하려면 수백만 년 전으로 거슬러 올라가야 해. 당시 지구는 지금과 완전히 다른 모습이었어. 지금은 사라진 수많은 작은 동물과 해양 식물이 살고 있었지.

　이 생명체들은 죽은 뒤 수백만 년 동안 모래와 암석층 아래에 묻혀 있으면서 뜨거운 열과 엄청난 압력을 받아 우리가 '석유'라고 부르는 검은 액체가 되었어. 쉽게 말해서 석유는 죽은 식

물과 동물의 사체가 오랜 시간 동안 검게 녹아 들어간 끈적한 진흙 같은 거야.

 석유는 바다 밑이나 땅속 깊은 곳에 숨어 있어. 석유를 채굴하려면 거대한 드릴로 땅속 깊이 파고들어 가야 하지. 땅속에서 뽑아낸 석유는 큰 저장 탱크에 담긴 채 정유 공장으로 보내져. 정유 공장에서는 석유를 끓여서 끓는점의 차이에 따라 여러 가지 석유 제품으로 분리하지.

 먼저 석유를 끓인 다음, 층류탑에 부으면 가벼운 성분은 위로 올라가고, 무거운 성분은 아래로 가라앉아. 각각의 성분은 각층에 설치된 파이프를 통해 분리되어 나오게 돼.

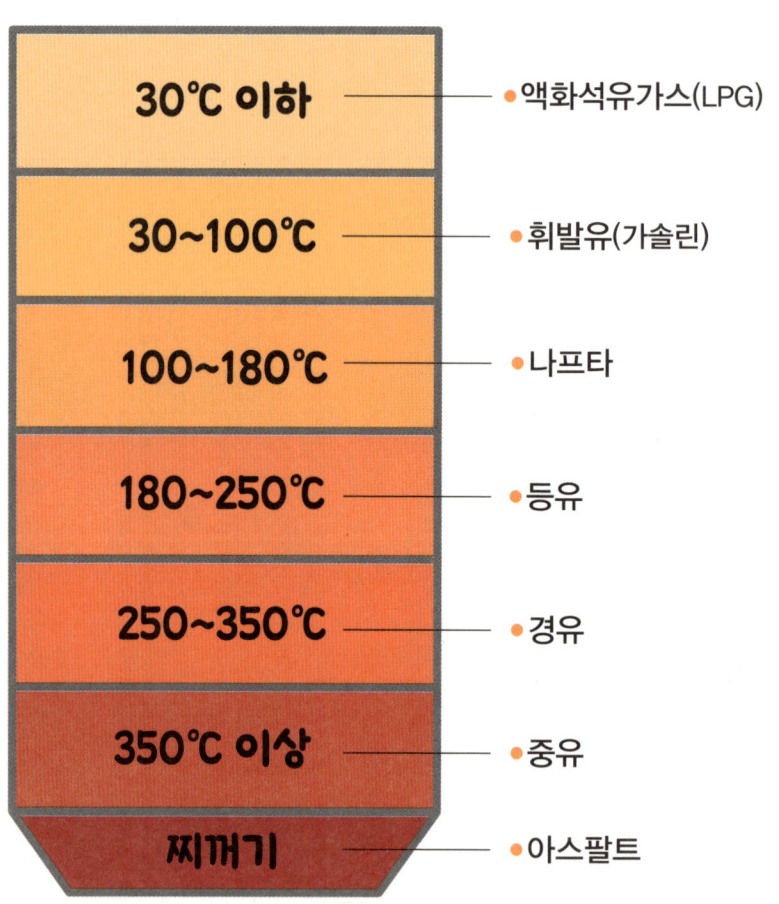

가장 아래에는 양초용 왁스나 아스팔트처럼 무겁고 끈적한 기름이 모이고, 중간층에는 가정용 연료, 경유, 등유, 항공유 등이 모여. 위쪽에는 나프타처럼 가벼운 성분이 모이지.

바로 이 '나프타'가 플라스틱을 만드는 데 들어가는 액체 원료야. 나프타는 '에틸렌'이나 '프로필렌' 같은 작은 알갱이로 가득 차 있어. 이 알갱이들은 작은 구슬이나 레고 블록처럼 줄줄이 이어서 긴 사슬을 만들 수 있는데, 사슬 모양이 되면 잘 끊어지지 않고 매우 단단하지. 그리고 이 알갱이들을 어떻게 연결하느냐에 따라 다양한 종류의 플라스틱이 만들어져.

예를 들어 '폴리에틸렌'으로는 비닐봉지와 물병을 만들 수 있고, '폴리프로필렌'으로는 식품 용기, 자동차 부품, 장난감을 만들 수 있지. 이 외에도 플라스틱의 종류는 매우 다양해서 가방, 의료 기기, 비행기 부품 등으로도 쓰이고 있어.

## 대표적인 플라스틱의 종류

| 구분 | 특성 | 대표 용도 |
|---|---|---|
| PE (폴리에틸렌) | 가볍고 유연함, 물에 강하고 저온에서도 잘 깨지지 않음 | 비닐봉지, 랩필름, 물병, 우유병, 파이프 |
| PP (폴리프로필렌) | 가볍고 강도가 높음, 열에 강하고 반복 접힘에 강함 | 식품 용기, 병뚜껑, 자동차 부품, 일회용 주사기 |
| PVC (폴리염화비닐) | 탄탄하고 물에 강함. 잘 타지 않으며 가소제 첨가 시 유연 | 수도관, 전선 피복, 창틀, 바닥재, 장판 |
| PS (폴리스티렌) | 가볍고 투명도 높음, 원하는 모양을 만들기 쉽지만 충격에는 약함 | 일회용 컵·용기, 포장재, 완구, CD 케이스 |
| ABS | 충격 강도 우수, 열에 강하고 쉽게 모양을 만들 수 있음, 표면 광택 우수 | 가전제품 외관, 자동차 부품, 레고 블록 |
| PET (폴리에틸렌 테레프탈레이트) | 강도가 있고 투명함, 물과 충격에 강하고 가벼움 | 음료병, 섬유(폴리에스터), 식품 포장재 |
| PC (폴리카보네이트) | 매우 강하고 투명함, 충격과 열에 강함, 단단하지만 무거움 | 방탄유리, 보호안경, 헬멧, 전자 기기 부품 |
| PMMA (아크릴) | 가볍고 투명도 높음, 햇볕과 바람에도 잘 견딤 | 간판, 수족관, 자동차 램프 커버 |
| PA (나일론) | 강도가 세고 잘 닳지 않으며 탄성 좋음 | 섬유, 로프, 기계 부품, 기어 |
| POM (폴리옥시메틸렌) | 강도가 세고 잘 닳지 않으며 제품의 길이가 변하지 않음. | 정밀 기계 부품, 기어, 자동차 부품 |

보통 플라스틱은 석유로 만들지만, 식물로 만드는 플라스틱도 있어. 바로 '바이오 플라스틱'이야. 예를 들어 옥수수, 감자, 사탕수수로도 플라스틱을 만들 수 있지. 바이오 플라스틱을 만드는 과정은 다음과 같아.

첫 번째, 옥수수나 사탕수수 같은 식물을 재배하고 수확해.

두 번째, 식물에서 플라스틱의 재료가 될 '전분'이나 '셀룰로스'를 뽑아내.

세 번째, 앞에서 구한 천연 재료를 눈에 보이지 않을 정도로 작은 알갱이로 쪼갠 뒤, 사슬처럼 연결해 플라스틱과 비슷한 물질을 만들어.

그러면 바이오 플라스틱 반죽이 탄생한 거야. 이 반죽은 물병, 컵, 장난감 등을 만들기 위한 재료가 되지.

바이오 플라스틱의 주요 재료 중 하나인 셀룰로스는 식물이 제 모양을 유지하게 해 주는 아주 강력한 재료야. 셀룰로스가 없다면 나무는 위로 곧게 자랄 수 없고, 풀은 제대로 서 있을 수 없어. 셀룰로스는 바이오 플라스틱뿐만 아니라 종이나 옷감을 만드는 데도 쓰이고, 심지어 음식 재료로도 이용돼. 예를 들어 양은 늘리면서도 영양분은 거의 없기 때문에 많이 먹어도 살이 찌지 않는 다이어트 식품에 사용되지.

고대 이집트 사람들은 파피루스라는 종이를 만드는 데도 셀룰로스를 사용했어. 나일강 유역에서 자라는 식물인 파피루스 줄기로부터 셀룰로스를 얻었지.

옥수수나 사탕수수로 만든 바이오 플라스틱은 대부분 음식에 닿아도 안전해. 제조 과정에 문제가 없다면 과일, 채소, 간식을 싸는 포장재로 쓸 수 있어. 또 파티나 피크닉에서 사용하

는 일회용 접시, 일회용 컵, 일회용 수저의 재료로 쓸 수 있지.

식물로 만든 바이오 플라스틱은 장점이 많아. 일단 플라스틱의 재료가 사라질까 봐 걱정하지 않아도 돼. 보통 플라스틱의 재료인 석유는 계속 사용하면 언젠가 고갈되고 말 거야. 심지어 석유는 다시 생겨나려면 수백만 년이 걸려. 하지만 바이오 플라스틱의 재료인 식물은 심어서 가꾸면 몇 달 안에 언제든 다시 얻을 수 있지.

바이오 플라스틱의 또 한 가지 장점은 시간이 어느 정도 흐르면 저절로 분해되어 사라진다는 거야. 게다가 분해 과정에서 해로운 화학 물질을 내놓지도 않지.

바이오 플라스틱의 원료인 식물은 자라는 동안 이산화탄소를 흡수하고 산소를 내놓아. 이산화탄소는 주요 온실가스 중 하나야. 온실가스가 너무 많아지면 지구가 뜨거워지고 기후 변화가 점점 심해지지. 그래서 식물을 키워 바이오 플라스틱을 만들면 온실가스를 줄일 수 있고, 결과적으로 환경 보호에도 도움이 될 수 있어.

그런데 아무리 좋은 것도 약점은 있기 마련이지. 옥수수나 사탕수수로 만든 바이오 플라스틱은 높은 열을 잘 견디지 못해. 너무 뜨거운 음식을 담으면 마치 여름날 초콜릿처럼 끈적끈적 녹아 버리거든. 바이오 플라스틱 중에도 환경에 좋지 않은 화학 물질이 포함될 수 있고, 어떤 것은 자연에서 잘 분해되지 않기도 해.

또 바이오 플라스틱의 재료를 얻기 위해 식물을 재배하려면, 그만큼의 땅이 필요해. 우리가 먹을 식량을 얻기 위해 식물을 재배하던 땅을 내어 주어야 하는 거야. 아직 지구상에는 굶주리는 사람들이 많은데 플라스틱 때문에 농사지을 땅을 줄인다면 별로 바람직한 일이 아니지.

그래도 과학자들은 바이오 플라스틱에 거는 기대가 커. 옥수수 껍질이나 사탕수수 찌꺼기 같은 폐기물을 이용해 바이오 플라스틱을 만드는 새로운 방법을 연구 중이거든. 쓰레기를 재활용할 수 있다면 값싸고, 친환경적인 바이오 플라스틱을 얻을 수 있을 거야. 플라스틱을 마음껏 쓰면서도 지구 환경을 보호할 길이 열리는 것이지. 언젠가 전자 제품이나 자동차도 바이오 플라스틱으로 만들 수 있는 날을 기대해 봐도 좋을 거야.

'워크맨'에 대해 들어 본 적이 있니? 1979년에 만들어진 워크맨은 플라스틱으로 된 최초의 휴대용 음악 연주기야. 휴대용 라디오를 닮은 워크맨은 정말 획기적인 발명품이었어. 워크맨이 나오기 전에는 음악을 들으려면 직접 콘서트에 가거나 집에서 크고 투박한 라디오를 이용해야 했지. 워크맨처럼 작은 카세트 플레이어가 등장하자 사람들은 언제 어디서든 음악을 들을 수 있게 되었어.

이후 CD 플레이어와 MP3 플레이어가 연달아 발명되면서 휴대용 음악 플레이어는 점점 작아지고 기능도 좋아졌어. 그리고 이 기계들이 휴대 전화와 결합해 오늘날의 스마트폰으로 이어졌지. 그런데 여기에는 플라스틱의 도움이 컸어. 카세트 플레이어, CD 플레이어, MP3 플레이어 그리고 스마트폰에 이르기까지 모든 기기의 몸통, 버튼, 심지어 헤드폰까지 대부분 플라스틱으로 만들어졌기 때문이야.

우리가 사용하는 전자 제품은 플라스틱 없이는 만들 수 없어. 단단하면서도 무게가 가벼워야 하고, 무엇보다 전기를 차단해 감전되는 사고를 막아야 하기 때문이야.

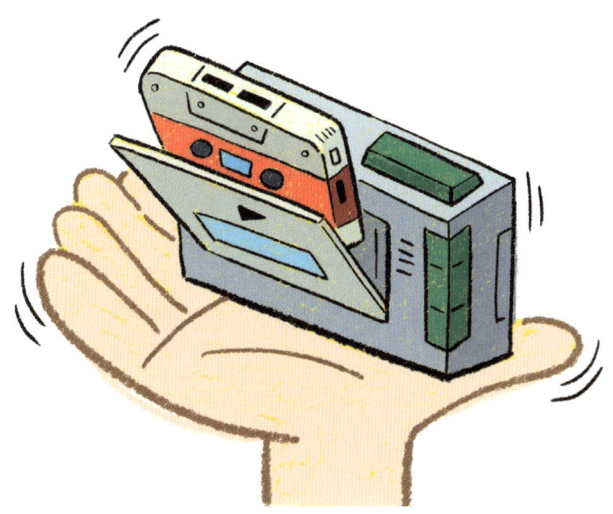

　플라스틱의 장점은 안전함과 편리함뿐만이 아니야. 사람들은 플라스틱을 통해 세상과 좀 더 쉽게 연결되었어. 우리는 운동하거나 학교에 갈 때 자신이 좋아하는 노래를 들으며, 그 노래를 부르는 가수와 더 가까워진 느낌을 받지.
　또 스마트폰 화면을 몇 번 터치하면 해외로 출장 간 아빠와 이야기를 나눌 수 있어. 심지어 외국에 있는 친구와 온라인에서 만나 게임도 즐길 수 있지. 이 모든 것이 플라스틱으로 만든 기기 덕분이야.

깊은 산골이나 외딴섬에 사는 어린이들도 플라스틱 노트북 덕분에 온라인 교실에 접속할 수 있어. 또 세계 어디서나 노트북으로 유명 대학의 강의도 들을 수 있지. 언제 어디서든 뛰어난 학자들과 연결될 수 있는 시대가 열린 거야.

① 플라스틱은 어떻게 사람들을 연결시키고 있을까?

② 전자 제품이 플라스틱으로 만들어지는 이유는 무엇일까?

# 3장

## 플라스틱이 세상을 지배한다고?

# 편리함을 선물해 준 플라스틱 포장

1960년대만 해도 물건을 사면 종이봉투에 담아 주었어. 정육점에서는 고기를 신문지에 싸 주었지. 하지만 오늘날에는 사탕, 과자, 빵에서 채소에 이르기까지 모두 비닐이나 스티로폼으로 포장되어 있어.

물건을 담은 알록달록하고 화려한 포장지는 사람들의 마음을 사로잡기도 하고 특별한 기쁨을 주기도 해. 아무리 플라스틱 쓰레기가 환경에 해롭다 해도, 그것이 주는 편리함과 기쁨이 계속되는 한 플라스틱 포장재는 우리 곁에서 사라지지 않을 거

야. 이제는 플라스틱 포장재를 없애기보다는 어떻게 하면 지혜롭게 쓸 수 있을지를 고민해야 할 때야.

사람들은 물건의 질보다 화려한 포장에 속아 충동적으로 구매할 때가 많아. 현명한 소비자라면 포장에 끌려 불필요한 제품을 사지 않도록 주의해야 해. 한두 번 사용하고는 먼지만 뒤집어쓴 채 구석에 처박힌 물건이 없는지 잘 생각해 봐. 멋지고 귀여운 캐릭터가 그려진 공책, 예쁜 상자에 담긴 장식품 같은 것들 말이야. 이렇게 충동적인 구매는 썩지 않는 플라스틱 쓰레기만 늘리는 일이란 사실을 기억해야 해.

플라스틱병 대신 유리병을 사용하는 것도 좋은 방법이야. 유리병은 씻은 뒤 재활용할 수 있고, 플라스틱처럼 해로운 물질이 나오지도 않으니까. 하지만 무겁고, 씻어야 한다는 단점이 있지. 그리고 유리병도 마개에 비닐로 코팅된 부분이 있기 때문에 플라스틱을 전혀 사용하지 않는 건 아냐.

물론 가볍고, 물에 젖지 않으며, 음식을 신선하게 유지해 준다는 점에서 플라스틱을 따라올 만한 포장재는 아직 없어. 플라스틱 포장재가 없었다면 몇 년 전 코로나바이러스가 유행했

을 때 백신을 세계 곳곳으로 배달하기도 어려웠을 거야. 플라스틱 포장재는 주사기나 튜브 같은 생명을 구하는 의료 기기를 위생적으로 보관하기에 아주 편리하거든. 일회용 주사기나 튜브가 없었다면, 감염으로 인해 아직도 많은 사람이 목숨을 잃었을지도 몰라. 플라스틱 포장재는 우리가 인간다운 삶을 살며 생명을 유지하는 데 꼭 필요한 물질이기는 해.

# 마음을 사로잡은 플라스틱 옷과 장신구

우리가 입고 있는 옷에도 플라스틱이 있어. 합성 섬유로 만들어진 옷에는 폴리에스터, 나일론, 아크릴과 같은 재료가 들어가. 모두 석유에서 온 것이고, 플라스틱 종류지. 아마 옷장을 열어 보면 합성 섬유로 만든 옷이 절반이 넘을 거야. 즐겨 입는 후드 티나 운동복, 패딩 점퍼도 모두 플라스틱이 없으면 만들 수 없어. 군인이나 경찰이 입는 방탄복이나 쭉쭉 늘어나야 하는

요가복을 면이나 모직으로 만들기는 어렵지. 만약 석유가 고갈되면, 우리는 무엇을 입고 다녀야 할까?

그런데 사람들이 합성섬유로 만들어진 옷을 버리면 썩지 않는 플라스틱 쓰레기가 돼. 비라도 오면 옷에 있는 염료와 해로운 화학 물질이 땅에 스며들거나 바다로 흘러갈 거야. 이 과정

에서 여러 가지 해로운 물질이 동물과 식물의 몸에 들어간 뒤, 결국 사람의 몸속까지 들어오게 되겠지.

# 과학 기술 발달에 꼭 필요한 플라스틱 전자 제품

지금부터는 플라스틱이 어떻게 놀라운 전자 제품을 만들어 내는 데 큰 도움을 주었는지 알아보려고 해.

리오 베이클랜드가 발명한 '베이클라이트'는 열에도 녹지 않고 전기도 통하지 않는 최초의 합성 플라스틱이었어. 이 놀라운 물질이 발명되기 전까지 전자 제품은 나무나 세라믹으로 만들었어. 나무나 세라믹은 무겁고, 충격을 받으면 부서지기도 쉬웠지. 하지만 베이클라이트로 라디오를 만들자 매우 가볍고 튼튼했어. 가격도 싼 데다가 사람 대신 기계가 플라스틱 제품의 모양을 찍어 내니까 비용도 훨씬 적게 들었지.

　라디오 가격이 내려가자, 얼마 지나지 않아 라디오는 생활필수품이 되었어. 베이클라이트는 초기 전화기에도 사용되었어. 이후 제2차 세계 대전이 일어나면서 베이클라이트의 뒤를 이은 다양한 플라스틱이 무전기나 레이더 같은 군사 장비를 만드는 데 쓰였어. 심지어 전투기 내부에 들어갈 전자제품을 만드는 데도 플라스틱이 꼭 필요했지. 플라스틱은 전기가 흐르지 않도록 막는 성질이 있기 때문에, 군인들이 군사 장비를 사용할 때 감전되지 않도록 보호해 주었어. 전선끼리 달라붙어 화재가 일어나거나 전자 제품이 고장 나는 것도 막아 주었지.

　1950년대 이후부터는 냉장고, 텔레비전, 선풍기 같은 대부분의 전자제품이 플라스틱으로 된 몸통을 가지고 공장에서 대량 생산되기에 이르렀어. 오늘날 우리 생활에서 가장 중요한 전자 제품인 컴퓨터와 스마트폰, 마우스도 모두 플라스틱으로 만들어졌지.

　그런데 최근에 새롭게 개발된 플라스틱은 놀랍게도 전기가 흐를 수 있어. 플라스틱에 전기가 흐르게 하려면 구리 같은 작

은 금속 알갱이를 플라스틱 반죽에 더하면 된다고 해. 마치 쿠키 반죽에 초콜릿 칩을 넣는 것과 비슷한데, 이 칩이 전기를 전달해 주는 거야.

전기가 통하는 플라스틱은 스마트폰과 TV 등 다양한 전자 제품의 화면을 만드는 데 꼭 필요해. 또 햇빛을 흡수해 전기로 바꾸는 태양광 발전에도 이용되지. 앞으로는 인공 심장을 비롯해 각종 인공 장기를 만드는 데도 쓰일 것이라고 해. 우리 몸의 많은 기관이 미세한 전기를 흘려 보내며 신호를 주고받기 때문이야. 한마디로 말해 전기가 통하는 플라스틱은 미래 기술의 꽃이라고 할 수 있지!

### 생각 씨앗 심기

  현재 과학자들은 플라스틱과 3D 프린터를 사용해 인공 피부나 인공 장기를 만들고 있어.

  3D 프린터로 무언가를 만드는 것은 케이크 위에 크림을 짜는 것과 비슷해. 컴퓨터가 만든 설계도에 따라 프린터가 재료를 짜내 여러 층으로 쌓으면서 필요한 모양을 만들어 내는 거지.

  하지만 아직은 제대로 움직이는 인공 심장이나 인공 간을 3D 프린터로 만들지는 못해. 우리의 장기는 매우 복잡한 구조로 되어 있기 때문이야. 3D 프린터로 완벽한 인공 심장을 만들려면, 심장 안에 있는 수많은 혈관과 복잡한 근육 세포까지 그대로 출력할 수 있어야 해. 마치 플라스틱 레고를 쌓아 복잡한 컴퓨터를 만들어내는 것과 비슷한 일이지.

  하지만 복잡한 수술을 하기 전에 3D 프린터로 만든 인공 장기로 연습할 수는 있어. 환자의 위에 종양이 있는 경우, 의사는 수술에 들어가기 전에 플라스틱으로 만든 인공 위를 가지고 연습할 수 있는 거지.

  이 외에 어떤 장기의 한 부분만 플라스틱으로 만들어서 도움을 받는 방법도 있어. 만일 심장 마비로 심장의 일부가 손상되었다면, 그 부분만 인공 플라스틱 조직으로 바꾸면 되거든.

앞으로 과학이 더 발전하면 실제 사람 몸속에서 제대로 움직이는 인공 장기를 만들 수도 있을 거야. 그렇게 된다면 장기 이식을 기다리는 사람들이 더 빨리 치료를 받을 수 있겠지. 하지만 동시에 안전성이나 윤리 문제도 함께 고민해야 해. 그래서 과학자들은 단순히 기술을 개발하는 것뿐만 아니라, 사람의 생명과 건강을 지키는 올바른 방법을 찾기 위해 끊임없이 연구하고 있어.

① 심장이나 간 같은 장기는 왜 3D 프린터로 만들기가 어려울까?

② 인공 장기를 연습용으로 먼저 만드는 것이 의사에게 어떤 도움이 될까?

③ 3D 프린터로 만든 인공 장기가 진짜 사람을 살릴 수 있다면, 우리 생활은 어떻게 달라질까?

**4장**

플라스틱 쓰레기는
어떻게 될까?

# 사라지지 않는 플라스틱

플라스틱은 물병부터 칫솔, 심지어 우주 왕복선까지 모든 곳에 사용되고 있어. 그런데 시간이 흐르면 자연스럽게 썩어서 사라지는 사과 껍질이나 종이와는 달리 플라스틱은 사라지지 않아. 비바람이나 햇빛에 반응하며 잘게 부서질 뿐이야.

플라스틱을 이루는 아주 작은 알갱이를 '분자'라고 해. 플라스틱 분자들은 너무 단단해서 세균이나 곰팡이가 연결을 끊어 내고 썩게 만들기가 어려워.

우리 주변에서 흔히 볼 수 있는 비닐봉지, 스티로폼 컵, 플라스틱 물병 같은 제품들은 최소 450년 이상 흘러야 아주 잘게 쪼개질 수 있어. 물론 햇빛, 온도, 습도 등 주변 환경에 따라 기간은 달라질 수 있지. 그런데 이렇게 잘게 쪼개진 플라스틱 알갱이들은 어떻게 될까? 아주 작아진 그대로 지구 어딘가에 남아 있을 거야. 심지어 살아 있는 생물의 몸속으로 들어가 쌓일 수도 있어. 한번 만들어지면, 거의 영원히 사라지지 않는 것이 플라스틱이니까.

특히 석유의 나프타를 플라스틱으로 만들려면 많은 첨가물이 더해져야 해. 안정제나 색소 같은 것이 들어가지. 문제는 이런 첨가물이 플라스틱에서 조금씩 흘러나와 인체에 해로운 영향을 끼친다는 사실이야.

우리 주변을 돌아봐. 옷에서 신발에 이르기까지 안에 붙어 있는 성분표를 살펴보면 폴리에스터, 나일론 등 다양한 플라스틱으로 이루어진 것을 알 수 있어.

이뿐만이 아니야. 이제 인간이 만든 플라스틱은 우주 공간까지 어지럽히고 있어. 우리가 쏘아 올린 우주 탐사선, 위성 그리고 우주 비행사의 간식에 이르기까지 어디에나 플라스틱이 쓰이기 때문이지. 특히 발사 임무를 마치자마자 버려지는 로켓도 큰 문제야.

또 지구 주변을 도는 인공위성에 작은 우주 암석이 부딪혀 플라스틱 조각이 떨어져 나가기도 해. 점점 더 많은 인공위성이 지구 주변을 돌고 있기 때문에 우주 쓰레기의 양도 계속 늘

고 있지.

　우주 쓰레기는 대부분 지구의 중력에 붙들려 인공위성처럼 지구 궤도를 돌고 있어. 무거운 것은 지구 표면으로 떨어지기도 하지. 플라스틱 쓰레기는 보통 동전 크기 정도인데, 속도가 1시간에 2만 8천 킬로미터를 갈 정도로 빠르다고 해. 크기는 작아

도 워낙 빨라서 인공위성이나 국제우주정거장(ISS)에 부딪히면 구멍이 뚫릴 수도 있어. 작은 플라스틱 조각 때문에 수십억 원에 이르는 위성이 망가질 수도 있는 거지.

플라스틱 쓰레기가 지구에 떨어지면, 대부분 대기와 충돌해 불타게 되지만 이때 나오는 해로운 물질은 지구의 공기를 더럽히고, 호흡기를 통해 우리 몸속으로 들어올 수 있어. 만일 너무 커서 제대로 타지 않고 지상에 떨어지면 사람들이 다칠 수도 있지.

이제 우리는 지구뿐만 아니라 우주 공간에까지 썩지 않는 플라스틱 쓰레기를 버리고 있어. 이 쓰레기를 제대로 처리할 방법에 대해 생각하지 않으면, 우리 후손들은 오염된 땅에서 점점 더 힘겹게 살아가게 될 거야. 지금부터는 플라스틱 쓰레기를 어떻게 처리하고 있는지 하나씩 살펴볼게.

# 플라스틱의 마지막: 매립지와 바다

　우리가 버린 플라스틱은 다음 세 가지 길을 따라가게 돼. 소각(태우기)되거나, 매립(땅에 묻기)되거나, 재활용되는 거야. 재활용이 가장 좋은 방법이지만, 실제로 재활용되는 플라스틱의 비율은 매우 낮아.

　먼저 소각에 대해 살펴볼게. 플라스틱 쓰레기를 아주 높은 온도로 태우면 부피가 크게 줄어들어. 그리고 이때 발생하는 열을 에너지로 바꾸어 쓰기도 하지. 하지만 문제는 플라스틱을 태우는 과정에서 해로운 화학 물질이 만들어진다는 거야. 즉 플라스틱을 태울 때마다 우리가 들이마시는 공기 속으로 해로운 물질이 퍼져 나가는 거지. 이런 독성 화학 물질은 아주 멀리까지 퍼질 수 있고, 주변의 땅이나 강물에도 스며들어. 그래서 쓰레기 소각 시설 근처에 사는 사람들은 호흡기 질환이나 암 같은 질병에 걸릴 가능성이 높아지지.

그러면 플라스틱 쓰레기를 태우지 말고, 땅에 묻는 매립법은 어떨까? 매립지는 거대한 플라스틱 무덤이나 마찬가지야. 이 무덤을 만들려면 먼저 넓은 땅에 아주 커다란 구덩이를 파야 해. 그리고 구덩이 안쪽을 보호막으로 둘러서 쓰레기에서 나온 독성 물질이 주변 흙이나 지하수로 스며들지 못하게 막아야 해. 쓰레기가 이 구덩이 안에 층층이 쌓이면, 마지막엔 흙으로 덮지. 냄새가 주변으로 퍼지지 않고, 쓰레기에서 벌레가 생기지 않도록 막기 위해서야.

쓰레기를 매립한 땅은 계속 관심을 가지고 관리해야만 해. 빗물이 스며들면 '침출수'라는 액체가 만들어지는데, 빗물과 쓰레기에서 나온 해로운 물질이 섞인 것이지. 침출수를 제대로 처리하지 못하면 주변의 자연과 생물이 위험해져.

서울에도 '난지도'라는 매립지가 있었어. 수십 년 동안 서울 사람들이 버린 쓰레기가 이곳에 모였고, 결국 쓰레기 산이 되었

지. 물론 지금은 그 위에 흙을 덮고 나무를 심어 아름다운 공원으로 바뀌었지만, 땅속에 묻힌 쓰레기는 여전히 썩으면서 메탄과 이산화탄소 가스를 만들어 내. 서울시에서는 이 가스로 에너지를 만들고 있어.

그렇다면 플라스틱 쓰레기를 땅에 묻지도 않고 태우지도 않

으면 어떻게 될까? 아마 강이나 하천을 거쳐 바다로 흘러가게 될 거야. 아무렇게나 버려진 비닐봉지가 바람에 실려 하수구로 들어가거나 근처 강으로 쓸려 가는 모습을 상상해 봐. 비가 내리면 강물은 세차게 흐르고, 결국 비닐봉지는 더 멀리 떠밀려 바다에 이르게 되겠지. 그리고 바다에서 강렬한 햇빛과 소금,

세찬 파도에 끊임없이 부딪히면서 점점 더 작은 미세플라스틱으로 쪼개질 거야.

미세플라스틱이란 보통 5밀리미터보다 작은 것을 말해. 대부분 눈에 보일 듯 말 듯하지. 가벼운 미세플라스틱은 바다 표면에 떠다니며 해류라는 바닷물의 흐름을 타고 아주 멀리까지 이동해. 무게가 있는 플라스틱 조각은 바다 밑바닥으로 가라앉아 영원히 썩지 않은 채 깊은 바닷속에 남아 있게 되고.

1997년, 항해가이자 과학자인 찰스 무어는 태평양을 지나던 중, 거대한 쓰레기 섬을 발견했어. 플라스틱병, 낡은 그물, 비닐봉지, 심지어 칫솔까지 태평양 한가운데에 끝도 없이 펼쳐져 있었지. 이 쓰레기 섬의 크기는 프랑스 영토의 3배나 될 정도였어. 바다의 거대한 소용돌이가 태평양 곳곳에 흩어진 플라스틱 쓰레기를 빨아들여 이렇게 큰 쓰레기 섬을 만들어 낸 거야. 그 섬의 크기는 해마다 커지고 있어.

# 플라스틱 쓰레기의 공격

앞에서도 이야기했듯이 플라스틱 쓰레기를 태우면 다이옥신, 납, 수은 등 해로운 물질이 공기 중으로 퍼져 대기를 오염시켜. 그런데 공기 중으로 배출되지 못한 해로운 물질은 쓰레기가 타고 남은 재 속에 그대로 남아 있지. 그리고 제대로 타지 않은 플라스틱 조각들이 잘게 부서져 이리저리 이동할 때 이러한 해로운 물질도 함께 여러 곳으로 흘러가게 돼.

해로운 물질이 붙은 미세플라스틱이 생기는 과정은 크게 두 가지야. 첫 번째는 큰 플라스틱 제품이 시간이 지나 자연적으로 쪼개져 미세플라스틱이 되는 경우지. 두 번째는 처음부터 제품에 미세플라스틱이 들어가 있는 경우야. 예를 들어 치아에 붙은 음식 찌꺼기를 잘 떼어 내기 위해 치약에는 미세플라스틱이 들어 있어. 비누 중에도 피부를 매끄럽게 만들기 위한 미세플라스틱이 들어간 것이 있지. 합성섬유로 만든 옷을 빨 때도 많은 미세플라스틱이 빠져나와.

이렇게 하수도를 지나 강물로 들어온 미세플라스틱은 결국 바다로 흘러가. 바다에 사는 작은 물고기나 플랑크톤은 바닷물에 떠다니는 미세플라스틱을 새로운 먹이로 착각하고 그대로 물과 함께 삼켜 버려. 그리고 거북 같은 바다 생물은 미세플라스틱을 먹은 작은 물고기를 잡아먹지.

바다에 떠다니는 각양각색의 플라스틱 조각은 새의 먹이가 되기도 해. 북태평양의 작은 섬, 미드웨이 해안에 사는 알바트로스는 멋진 모습에 비해 시력은 별로 좋지 않아. 그래서 플라스틱 조각을 먹이로 착각하고 열심히 쪼아 먹다가 플라스틱을 소화하지 못하고 결국 고통스럽게 죽기도 해.

미세플라스틱은 인간의 혈액에서도 이미 발견되었어. 최근

연구 결과에 따르면 실험에 참여한 건강한 성인 36명 중 32명의 혈액에서 미세플라스틱이 발견되었다고 해. 물고기나 조개류를 먹을 때, 혹은 일회용 식품 용기에 담긴 음식을 먹을 때 함께 들어온 것일 거야. 우리가 마시는 생수병이나 공기 중에도 미세플라스틱이 섞여 있다고 하니 우리 몸을 흐르는 핏속에 미세플라스틱이 있는 것은 당연할지도 몰라. 이제 미세플라스틱은 돌고래, 거북, 새 같은 동물뿐만 아니라 인간에게도 심각한 피해를 주는 단계에 이르렀어.

우리 몸속에 미세플라스틱이 들어오면 면역 체계에 빨간불이 켜져. '면역'이란 해로운 기생충, 세균, 바이러스, 낯선 물질이 몸속으로 들어오면 공격해 없애거나 힘을 빼앗는 거야. 하지만 미세플라스틱은 너무 단단해서 이길 수가 없지. 미세플라스틱은 혈액을 타고 온몸으로 퍼지고, 심지어 뇌까지 이동해서 문제를 일으킬 수 있어.

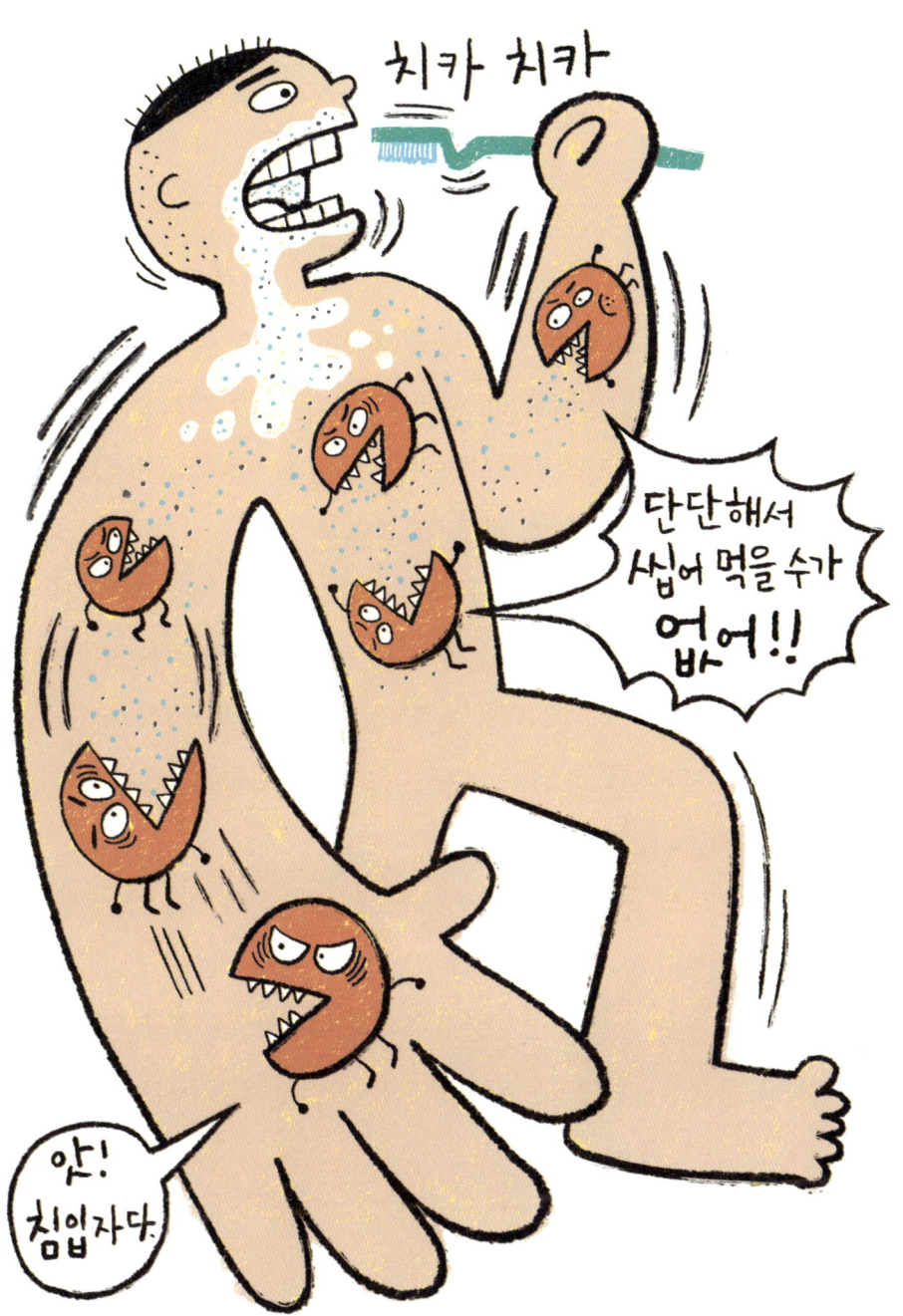

　미세플라스틱은 면역 체계와 싸움을 벌이며 장기를 망가뜨릴 뿐만 아니라, 두뇌 활동도 방해해. 미세플라스틱이 어떻게 뇌까지 들어갔는지는 아직 연구 중이지만, 과학자들은 음식물과 함께 들어온 미세플라스틱이 혈액을 타고 온몸으로 퍼진 것으로 보고 있어.

　뇌로 들어간 플라스틱은 호르몬처럼 행동한다고 해. 플라스틱에서 나온 가짜 호르몬은 뇌를 이루는 세포끼리 서로 연결되는 것을 방해해 기억력을 떨어뜨리기도 해. 더욱 충격적인 사실은 플라스틱의 해로운 물질이 뇌에서 기분을 조절하는 부분을 건드려 이유 없이 짜증이 나도록 만들기도 한다는 거야.

　다른 한편으로, 버려진 플라스틱 쓰레기를 잘 활용해 멋진 예술품을 만드는 사람들도 있어. 이를 '비치코밍'이라고 하는데 해변을 빗질하듯 조개껍데기, 유리 조각, 쓰레기 등을 주워 모으는 활동을 말해. 환경을 보호하면서 예술품을 만드는 재미까지 얻을 수 있는 활동이지.

① 미세플라스틱의 공격을 받지 않으려면 어떻게 해야 할까?

② 비치코밍은 환경에 어떻게 도움이 될 수 있을까?

# 4장
# 플라스틱의 미래는 어떻게 될까?

# 어렵기만 한 플라스틱 재활용

    2000년대가 되면서 사람들은 전 세계에서 생산되는 플라스틱의 양을 계산해 보았어. 결과는 놀라웠지. 매년 2억 4천3백만 톤의 플라스틱이 만들어졌는데, 이것은 웬만한 도시 하나를 덮어버릴 정도의 양이었지. 그런데 2021년에 다시 조사해 보니 두 배 이상 늘어나 4억 6천만 톤이 되었어. 앞으로도 이렇게 플라스틱이 계속 늘어난다면 우리는 더 이상 해변에서 물놀이를 하기 어려울지도 몰라. 전 세계 해변은 밀려온 플라스틱 쓰레기로 엉망진창이 되고 말 테니까.

그렇다면 플라스틱을 최대한 버리지 말고, 재활용하면 어떨까? 아쉽게도 플라스틱의 재활용 비율은 아주 낮아. 가장 큰 이유는 플라스틱을 종류별로 분류하기가 쉽지 않고, 재활용하는 데 비용이 많이 들기 때문이지.

일본의 어떤 공원에서는 사슴이 관광객들이 버린 비닐봉지와 플라스틱 포장재를 먹고 죽기도 했어. 아랍에미리트에서도 많은 낙타가 비닐봉지를 먹고 목숨을 잃었지. 인도에서는 죽은 소의 위에서 50킬로그램이나 되는 플라스틱이 발견되기도 했어.

이런 안타까운 죽음을 막으려면, 지금 당장 플라스틱 쓰레기를 최대한 줄이고, 이미 생겨난 쓰레기는 재활용해 자연으로 흘러가지 않도록 해야 해.

우리나라에서 플라스틱 쓰레기를 재활용하는 비율은 10퍼센트 정도야. 우리나라는 경제협력개발기구(OECD) 회원국 중에서 1인당 플라스틱 소비량이 가장 높아. 그런데도 플라스틱 재활용 비율이 낮다는 것은 부끄러운 일이지. 우리 정부는 2030년까지 플라스틱 쓰레기 재활용률을 60퍼센트까지 높이기로

목표를 세웠어.

요즘 서울, 부산, 인천 같은 주요 도시에서는 페트병 전용 재활용 통을 볼 수 있어. 사람들이 병뚜껑과 라벨을 떼고 깨끗하게 씻은 페트병을 이 통에 넣으면, 포인트나 교통카드 충전 같은 보상을 받을 수 있지. 아마 2030년이면 전국에 페트병 전용 재활용 통이 배치될 거야.

이렇게 모인 페트병은 재활용 공장에서 잘게 부수어 작은 플라스틱 조각이 되어 새로운 병을 만드는 데 사용되거나 가방이나 플리스 재킷처럼 완전히 다른 상품으로 거듭날 수 있어. 페트병 20개로 백팩 하나를 만들 수 있다고 해.

또 아무렇게나 버려진 플라스틱 쓰레기를 모으는 일도 진행되고 있어. 그중 하나가 '오션 클린업'이지. 이것은 거대한 도구를 사용해 바다에 둥둥 떠다니는 플라스틱 쓰레기를 청소하는 거야. 바다에 축구 경기장만큼 커다란 튜브를 띄우고, 그 아래에는 그물을 매달아. 튜브가 바다 위를 천천히 떠다니면서 주변의 플라스틱 쓰레기들을 그물로 건져 내는 거지.

그러면 플라스틱은 어떤 과정을 거쳐 재활용될까? 우선 같

오션 클린업

은 종류끼리 나누는 작업부터 시작해야 해. 이 일은 사람이 주로 하지만, 특수 로봇이 도와주기도 하지.

그렇게 분류한 플라스틱 중 열에 녹는 것들은 거대한 파쇄기에 넣어 작은 플라스틱 조각으로 잘게 쪼개. 그러면 플라스틱은 마치 알록달록한 색종이 조각처럼 변하지. 다음으로, 이 조각들을 비누 거품으로 깨끗이 씻어내. 라벨이나 음식물 찌꺼기를 떼어 내기 위해서야.

깨끗해진 플라스틱 조각들을 뜨거운 열로 녹여 걸쭉한 반죽을 만든 후 틀에 넣어 새로운 장난감이나 가구 등을 만드는 거야. 이 반죽으로 실을 뽑아 옷을 만들기도 하지.

하지만 열에 녹지 않는 플라스틱은 재활용하기가 까다로워. 그래서 작은 조각으로 잘게 쪼개어 세척한 뒤 콘크리트나 아스팔트 같은 다른 재료에 섞어서 매끄러운 도로를 만들거나 집을 짓는 데 사용해.

최근에는 플라스틱 쓰레기로 물건을 만들어 파는 기업도 늘어나고 있어. 유럽에는 재활용 플라스틱병을 모아 자동차 부품을 만드는 회사도 있고, 미국에는 바다에서 주운 쓰레기로 멋진 선글라스를 만드는 회사도 있지. 창의력을 발휘하면 플라스틱 쓰레기로 멋진 물건을 만들어 환경도 지키고 돈도 벌 수 있어.

# 플라스틱으로 오염되는 땅

플라스틱 쓰레기가 사회 문제로 떠오르고 있지만 기업에 책임을 묻는 사람은 거의 없어. 물건을 사서 쓰는 소비자들이 제대로 버리지 않고 재활용도 하지 않아 문제라고 생각하지.

하지만 이것은 좀 불공평해. 해마다 수십억 개의 플라스틱 제품을 만드는 기업들도 어느 정도 책임을 가지고 변화하려고 노력해야 해. 기업이 플라스틱 제품을 더 많이 만드는 이유는 생산 과정이 간단하고 재료가 값싸기 때문이거든.

물론 소비자들도 싼 플라스틱 제품을 쉽게 사서, 몇 번 쓰고 쉽게 버리기도 해. 고장 난 가구나 장난감을 고치느니 값싼 플라스틱 제품을 새로 사 버리곤 하지.

플라스틱이 등장하기 전에는 물건을 만드는 데 많은 시간과 노력이 필요했어. 그런 만큼 가격도 비쌌고, 비싼 만큼 소중히 사용하다가 망가지면 고쳐 썼지. 하지만 플라스틱 제품은 부서지면, 대부분 그냥 버려. 고쳐서 다시 쓸 정도로 튼튼하지도 않고, 수리비보다 새 제품이 더 싸기 때문이야.

예를 들어 금이 가서 반찬 국물이 새는 플라스틱 도시락 통을 고쳐서 사용하는 사람이 있을까? 접착제로 금이 간 부분을 붙인다 해도 뜨거운 음식물에 해로운 성분이 녹아들지는 않을까 불안할 거야. 접착제를 사는 것도 번거롭고 돈이 들지.

게다가 새로운

도시락 통은 수리한 도시락보다 깔끔하니까 큰 기쁨을 줘. 그렇기 때문에 대부분 새로운 도시락 통을 사게 되는 거야.

기업들이 값싼 플라스틱 제품 대신 튼튼한 나무나 금속으로 된 제품을 만들어 팔면 좋겠지만, 잘 팔리지 않을 수 있어. 가격이 비싸고 훨씬 무거울 테니까.

문제는 플라스틱 제품이 몇 년 쓰고 나면 금방 버려진다는 거야. 그다지 비싼 값을 치르지 않았기 때문에 대부분 버리는 걸 망설이지도 않거든.

이렇게 버려진 플라스틱은 눈에 보이지 않는 곳에서부터 조금씩 조금씩 우리의 환경을 더럽히고 있어. 지금 당장은 잘 느끼지 못하지만, 인류의 식량 창고인 땅이 플라스틱 오염으로부터 안전하다고 장담하기는 어려워. 이 문제를 해결하려면, 플라스틱이 어떻게 땅을 오염시키고 있는지 살펴볼 필요가 있지.

재활용하지 못하는 플라스틱 쓰레기는 부피를 줄이기 위해 소각장에서 태운다고 했지? 그런데 이 과정에서 해로운 가스가 나와 구름과 섞이면서 독성이 있는 물방울을 만들어. 이 물방울이 비가 되어 내리면 나무나 풀, 심지어 건물까지 해치는 '산

성비'가 돼.

  산성비가 땅에 스며들면 식물이 자라는 데 꼭 필요한 영양소가 사라지거나, 식물의 뿌리가 물과 영양분을 제대로 흡수하지 못하게 돼. 결국 식물은 제대로 자라기 어렵고, 식물을 먹고 사는 동물과 인간도 살기 어려워질 거야.

# 미래의 플라스틱

플라스틱은 거의 모든 곳에서 사용되고 있어. 자동차나 전자 제품은 물론이고, 생활에 필요한 그릇이나 장난감, 심지어 병원에서 쓰는 여러 기구까지 플라스틱으로 만들지. 그중에는 우리가 아무리 사용을 줄이려 해도 어쩔 수 없이 써야 하는 곳도 많아.

병원에서 사용하는 마스크, 주사기, 수액 주머니, 장갑, 각종 튜브, 안면 보호대, 신발 덮개 등은 병균이 옮는 것을 막기 위해 한 번 쓰고 버리는 일회용품들이야. 심지어 일회용 주사기나 수술 도구는 멸균한 상태에서 플라스틱 주머니에 꽁꽁 싸 두어야 해. 게다가 인공호흡기처럼 중요한 장비는 플라스틱 없이는 만들기도 어려워. 정말 병원이야말로 플라스틱이 꼭 필요한 곳일 거야. 그런데 병원에서 나오는 플라스틱 쓰레기는 세균 감염 문제로 재활용하기도 어렵지.

병원에서 플라스틱이 유용하게 사용되는 것을 보면 플라스틱의 두 얼굴을 제대로 알 수 있어. 마치 '지킬 박사와 하이드 씨'처럼 천사와 악마의 얼굴을 동시에 가지고 있지. 플라스틱이 치명적인 세균이나 바이러스로부터 우리를 지켜 줄 때는 천사 같지만, 썩지 않는 쓰레기를 만들어 환경을 파괴할 때는 악마 같아.

과학자들은 플라스틱 쓰레기 때문에 일어나는 환경 문제를 해결하기 위해 아이디어를 냈어. 사용 후 자연적으로 분해되어 환경에 해를 끼치지 않는 '생분해 플라스틱'을 만들기로 한 거야. 앞에서 이야기했듯이 옥수수나 사탕수수로 플라스틱을 만들거나, 플라스틱 재료에 아주 작은 생물체를 섞는 거지.

마침내 자연 상태에서 1년 정도면, 식물이 썩어 없어지듯이

분해되는 플라스틱을 만드는 데 성공했어. 심지어 몇몇 플라스틱은 퇴비로 쓸 수도 있어서, 농사에 도움이 되지. 이런 플라스틱을 '생분해 플라스틱'이라 부르고, 그중에서도 식물이나 해조류로 만든 것을 '바이오 플라스틱'이라고 불러.

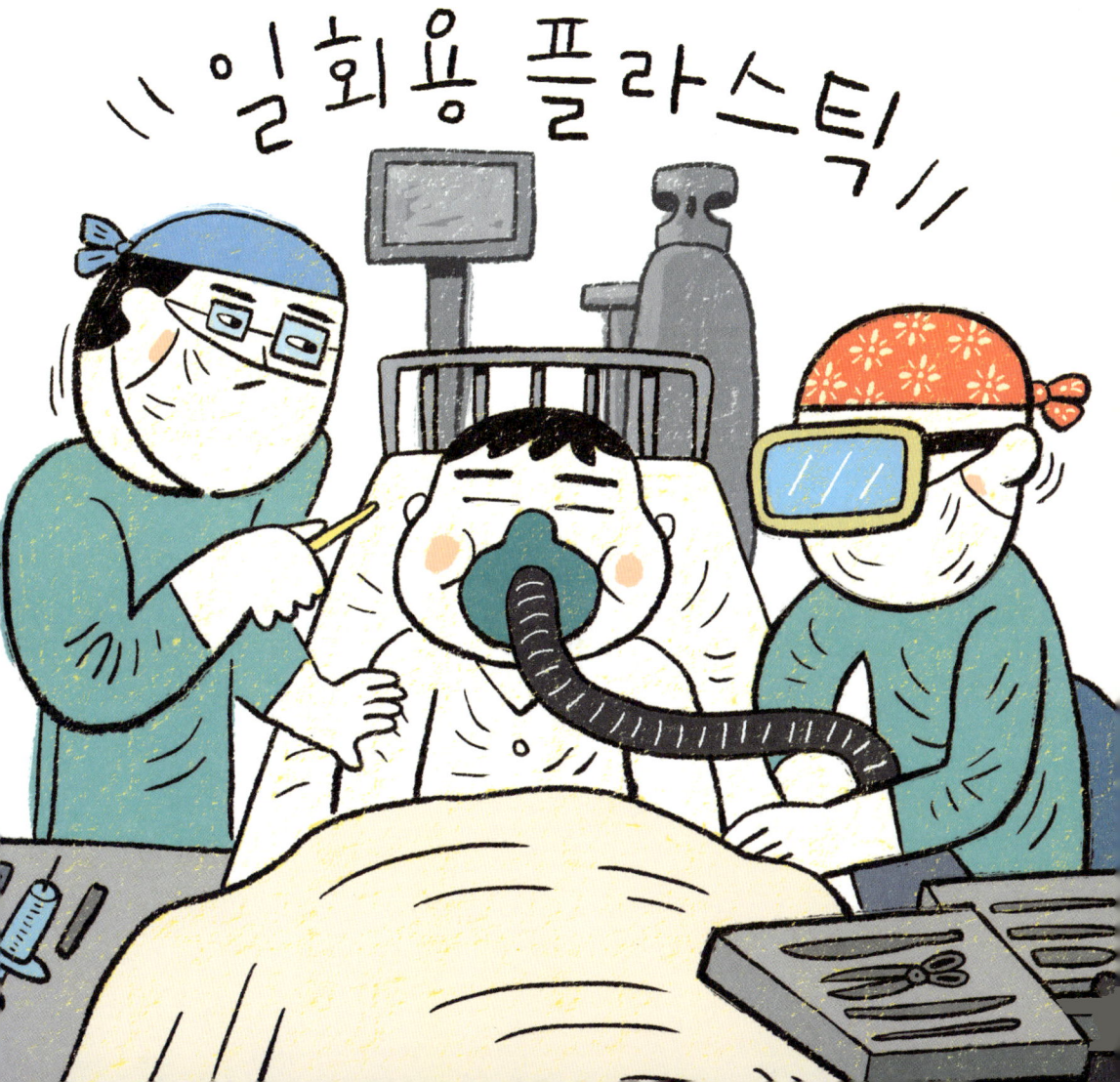

하지만 단순히 생분해 플라스틱이나 바이오 플라스틱을 만들어 쓰는 것만으로는 심각한 문제를 해결하기에는 부족해. 무엇보다 생분해 플라스틱이나 바이오 플라스틱으로 모든 플라스틱을 대신할 수 없다는 거야. 일반 플라스틱보다 단단하지 못하고, 열에 약하다는 문제가 있기 때문이지. 또 재활용 과정에서 보통 플라스틱과 섞이면 찾아내기 어렵고, 너무 일찍 녹아 재활용 기계를 고장 내기도 하거든.

과학자들이 고민 끝에 플라스틱 문제를 해결하기 위해 찾아낸 방법은 크게 두 가지야. 바로 '미생물'과 '법'. 즉 플라스틱과 관련된 과학 기술을 발전시키면서, 이와 함께 사람들이 지켜야 할 규칙도 정해야 한다는 거지.

첫째, 과학 기술을 사용한 해결책은 플라스틱을 먹어 치우는 곰팡이와 관련 있어. 과학자들은 아마존 열대 우림의 깊은 곳에서 신기한 곰팡이를 발견했어. '페스탈로티옵시스 마이크로스포라'라는 긴 이름을 가진 이 곰팡이는 플라스틱의 한 종류인 '폴리우레탄'을 먹어 소화시키는 특별한 미생물이야. 이 곰팡이는 쓰레기 매립지처럼 햇빛이 들지 않고 공기가 거의 없는 곳에서도 살아남아 플라스틱을 맛있게 먹어 치우지.

과학자들은 이 곰팡이가 플라스틱을 소화시키는 특수 물질을 만든다는 사실을 알아냈어. 이 곰팡이를 대규모로 배양하거나 곰팡이의 소화 물질을 똑같이 만들어 낼 수 있다면, 앞으로 많은 플라스틱 쓰레기를 빠른 시간에 없애는 길이 열릴 거야. 현재 과학자들은 플라스틱을 먹는 또 다른 곰팡이도 찾고 있어.

또 곰팡이는 아니지만 플라스틱을 씹어 먹는 밀랍 벌레도 찾아냈어. 벌집을 갉아 먹는다고 알려진 이 벌레가 좋아하는 플라스틱은 쇼핑백이나 병 등을 만드는 데 사용되는 폴리에틸렌이라고 해. 이 벌레의 침이나 내장 안에는 플라스틱 분자의 결합을 끊어 내는 효소가 들어 있는 것으로 밝혀졌어. 과학자들은 이 효소를 이용해 플라스틱 쓰레기를 처리하는 방법을 찾고 있지. 물론 아직은 연구 초기 단계라 시간이 필요해.

둘째, 법을 사용해 플라스틱 문제를 해결하려는 움직임은 유럽에서 먼저 시작되었어. 플라스틱 쓰레기를 향해 "안 돼!"라고 외치는 법을 처음 만든 나라는 독일이야.

1991년 포장재 법을 도입해 '플라스틱 쓰레기는 만든 사람이 책임져야 한다!'라고 선언했지. 기업들 스스로 자신이 만든 포장재를 수거해 재활용하도록 한 거야.

  이후 2003년에는 플라스틱병 보증금 제도를 만들었어. 플라스틱병에 든 제품을 사면 약간의 보증금을 추가로 내야 하는 제도지. 물론 플라스틱병을 반환하면 보증금은 돌려받을 수 있어. 사람들은 보증금을 돌려받기 위해 플라스틱병을 함부로 버리지 않게 되었지.

독일의 이런 움직임은 유럽 다른 나라에도 영향을 끼쳤어. 프랑스는 빨대나 식품 용기에 플라스틱 사용을 금지했고, 현재 미세플라스틱이 포함된 의료 장비는 쓰지 못하도록 하고 있어. 게다가 2040년까지 일회용 플라스틱을 완전히 사용하지 않겠다는 목표를 세웠지. 우리나라도 2030년부터는 비닐봉지와 일회용 플라스틱 사용을 중단한다는 계획을 세우고 있어.

생각 씨앗 심기

  오스트리아에 사는 세 자녀의 엄마 산드라 크라우트 바슐은 2009년 〈플라스틱 행성〉이라는 다큐멘터리 영화를 보고 충격을 받았어. 함부로 쓰고 버려지는 플라스틱이 동물의 목숨을 앗아 가고, 인간의 건강에 얼마나 나쁜 영향을 끼치는지 알게 되었기 때문이야.

  산드라는 지구에서 미래를 살아갈 세 아이를 위해 우선 자신의 가족부터 플라스틱 없는 삶을 살아 보기로 결심했지. 그리고 가장 먼저 플라스틱 포장재를 피하기 위해 노력했어. 장을 보러 갈 때면, 그릇을 가져가 필요한 만큼 담아 왔어. 또 식품을 보관할 때는 비닐 랩 대신 밀랍 포장지를 사용했지. 처음에는 이런 행동이 무슨 효과가 있을까 싶었지만, 결국 집에서 나오는 플라스틱 쓰레기를 크게 줄일 수 있었어.

  산드라는 가정에서 사용하는 플라스틱 용품도 천연 소재로 바꾸었어. 플라스틱 그릇을 스테인리스 제품으로 바꾸었고, 플라스틱 칫솔 대신 대나무 칫솔을 사용했지. 그리고 비닐봉지를 완전히 사용하지 않기 위해 면으로 만든 에코백을 가지고 다니기 시작했어.

  가족은 외출할 때 재사용 가능한 물병과 금속 빨대를 가지고 나갔어.

쓰레기가 하나도 없이 크리스마스를 보낸 뒤에는 정말 보람을 느꼈지. 가족은 서로에게 줄 선물을 신문지와 천 리본으로 포장했어.

산드라는 '플라스틱 없이 살기' 체험이 끝난 뒤에도 자신의 경험을 동네 사람들과 나누며 플라스틱 줄이기의 중요성을 알렸어.

이제는 우리도 플라스틱의 편리함을 누리면서도 지구를 아끼고 행복하게 살아가기 위해 무엇을 해야 할지 생각해 볼 때야.

① 음식이 닿아도 해로운 물질이 나오지 않는 친환경 플라스틱에는 어떤 것이 있을까?

　

② 아직도 플라스틱 쓰레기를 제대로 재활용하지 않는 도시나 국가가 많은 이유는 무엇일까?

## 플라스틱은 정말 편리할까?

초판 1쇄 발행 2025년 11월 25일

| 지은이 | 유윤한 |
| 그린이 | 이창우 |

| 펴낸이 | 이혜경 |
| 펴낸곳 | 니케북스 |
| 출판등록 | 2014. 4. 7 | 제 300-2014-102호 |
| 주소 | 서울시 종로구 새문안로 92 광화문 오피시아 1717호 |
| 전화 | (02)735-9515 | 팩스 (02)6499-9518 |
| 전자우편 | nikebooks@naver.com |
| 블로그 | blog.naver.com/nikebooks |
| 페이스북 | www.facebook.com/nikebooks |
| 인스타그램 | (니케북스)@nike_books (니케주니어)@nikebooks_junior |

ISBN 979-11-94809-13-5
　　　979-11-94809-01-2(세트)

니케주니어는 니케북스의 아동·청소년 브랜드입니다.

책값은 뒤표지에 있습니다.
잘못된 책은 구입한 서점에서 바꿔 드립니다.